So geht es:

 Male.

 Verbinde.

 Streiche durch.

 Markiere.

 Schreibe.

Verbinde.

A B C D E F G H I J K L M

c g l n q t a i m s u w y

N O P Q R S T U V W X Y Z

o b h z x d k e p r f j v

Trage die richtigen Buchstaben ein.

A	B	C	D	E	F	G	H	I	J	K	L	M
1	2	3	4	5	6	7	8	9	10	11	12	13

9	3	8

12	5	18	14	5

4	1	19

1	12	16	8	1	2	5	20

13	9	20

4	5	13

	¨								
23	15	18	20	5	18	2	21	3	8

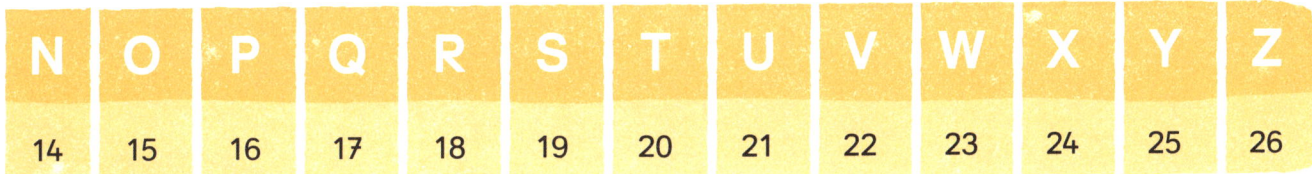

N	O	P	Q	R	S	T	U	V	W	X	Y	Z
14	15	16	17	18	19	20	21	22	23	24	25	26

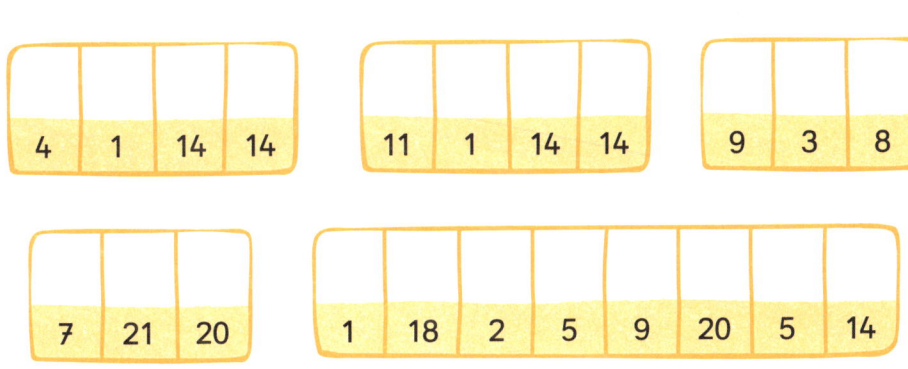

4	1	14	14

11	1	14	14

9	3	8

7	21	20

1	18	2	5	9	20	5	14

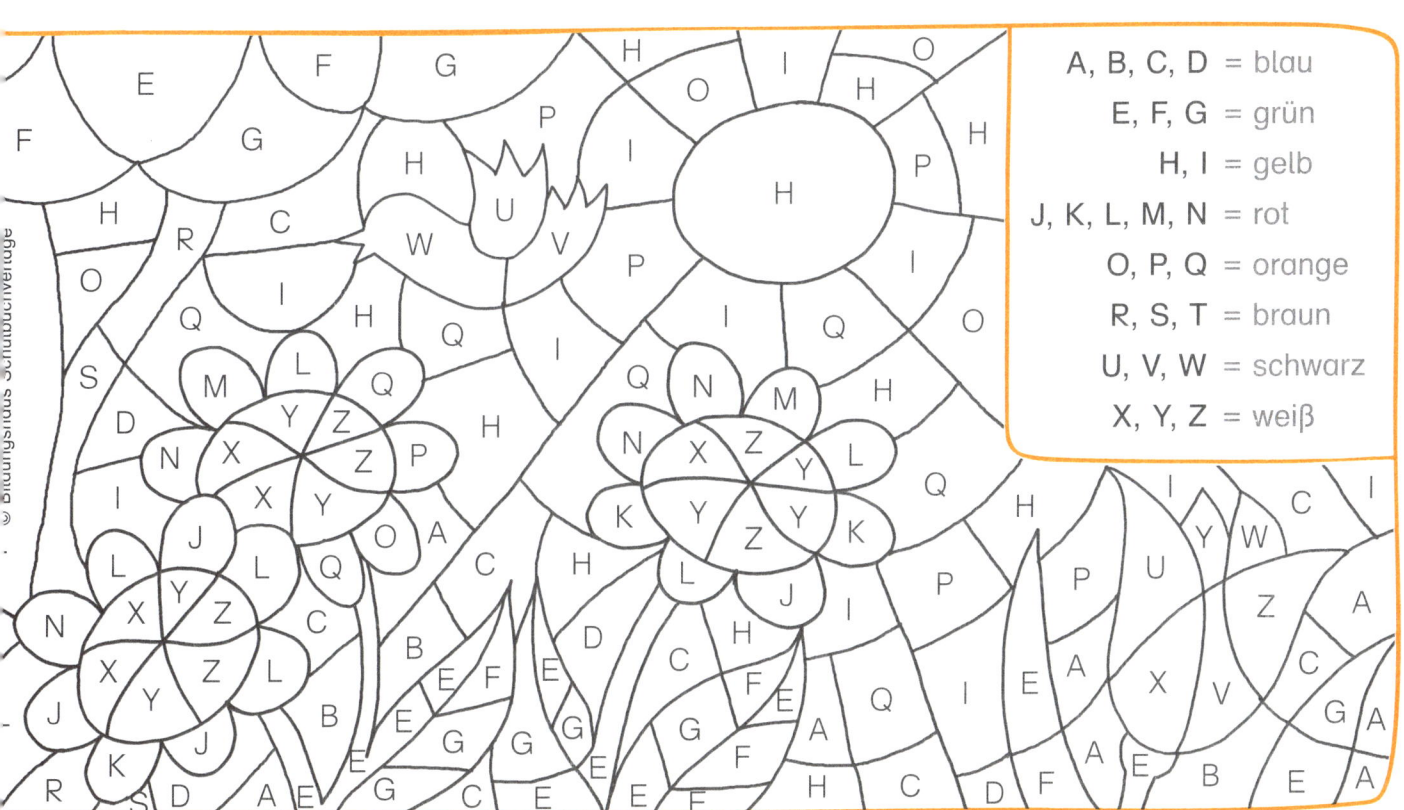

A, B, C, D = blau
E, F, G = grün
H, I = gelb
J, K, L, M, N = rot
O, P, Q = orange
R, S, T = braun
U, V, W = schwarz
X, Y, Z = weiß

Verbinde in der richtigen Reihenfolge.

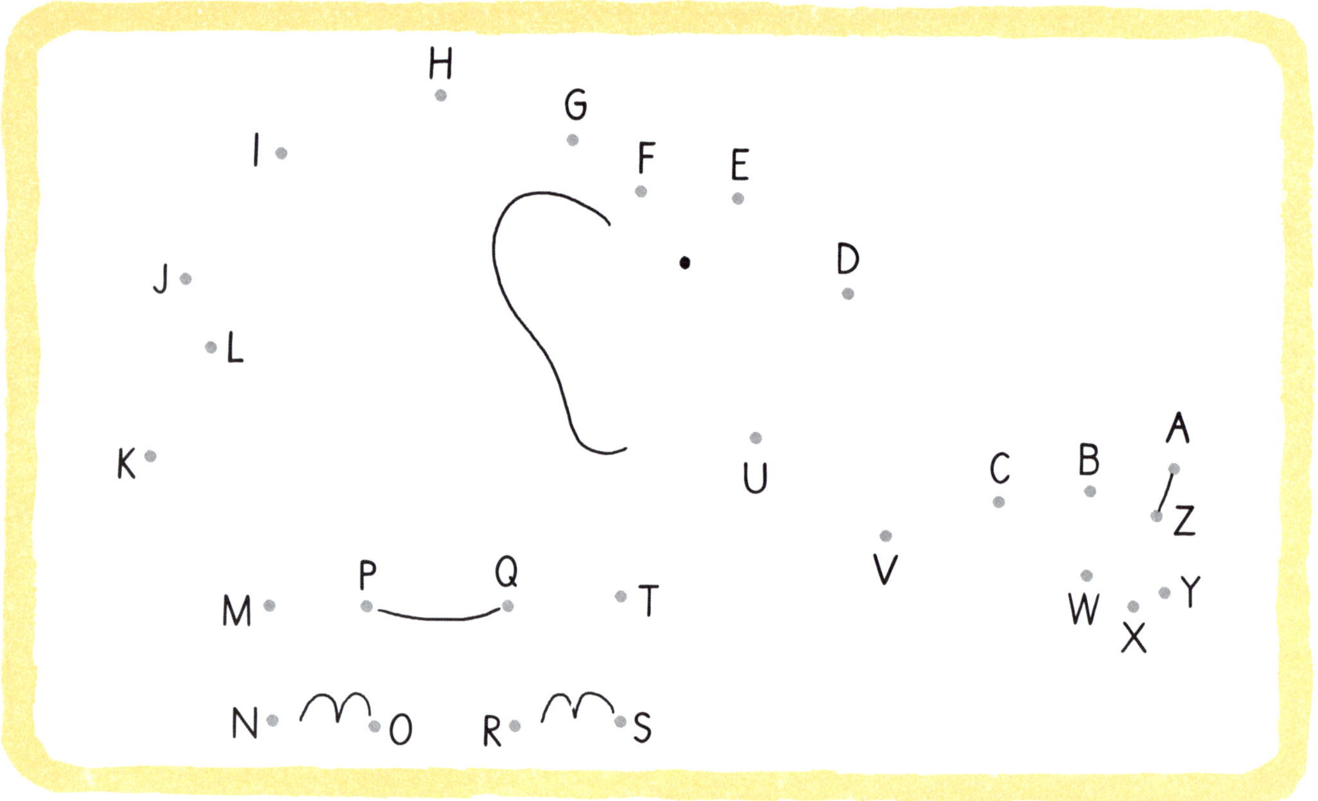

e

b

f

a

c

q

r

g

d

s

p

u

h

t

i

l

k

j

v

o

m

z

w

n

x

y

Ergänze die fehlenden Buchstaben.

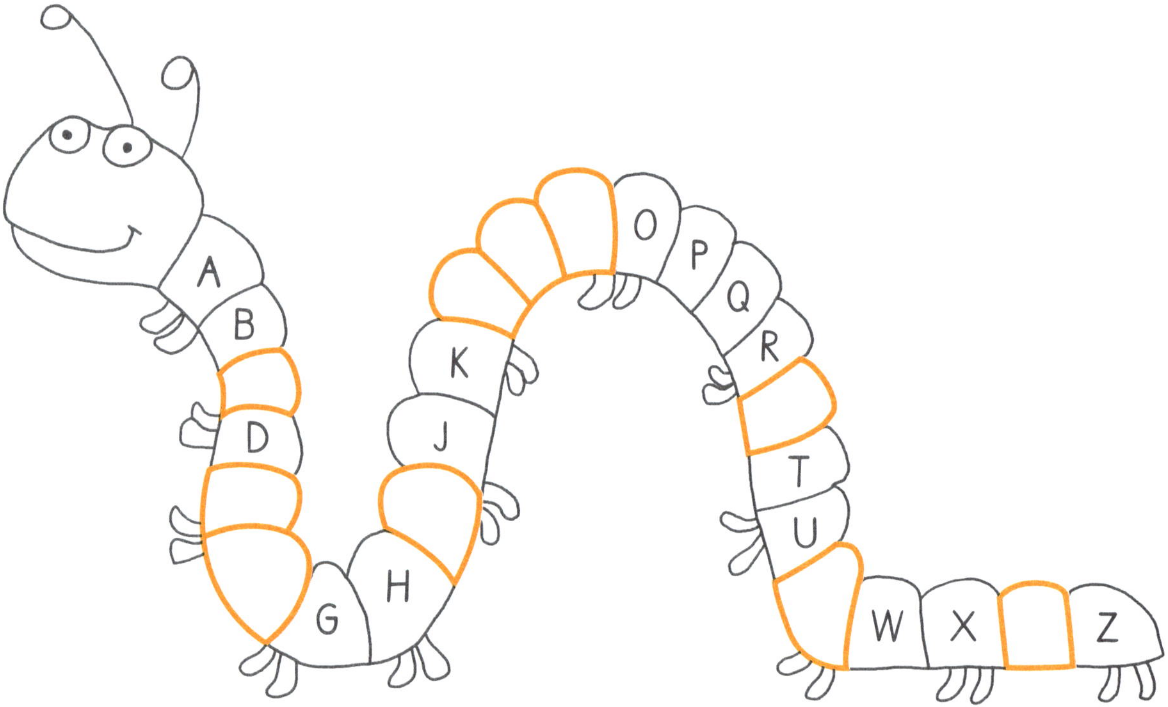

A B D G H J K O P Q R T U W X Z

Ergänze die fehlenden Buchstaben.

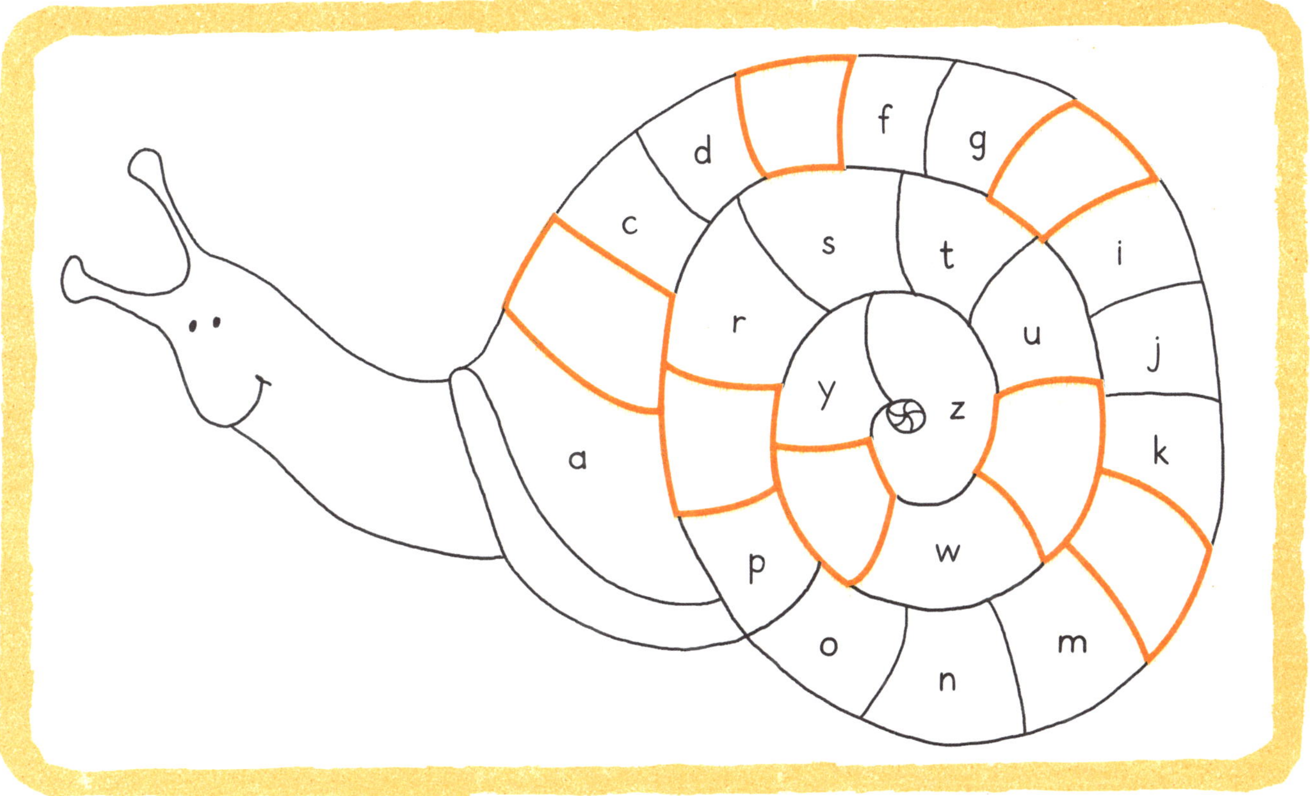

A __ C

__ M __

R __ __ U

__ F __

__ Y __

G __ I

Trage den richtigen Buchstaben ein.

Ich stehe vor dem T.

Ich bin der letzte Vokal im Abc.

Ich stehe zwischen N und Q
und bin ein Konsonant.

Ich bin der 5. Buchstabe im Abc.

Ich stehe zwischen Q und S.   !

Bett

Balkon

Brombeere

Angel

Boden

Mutter

Nase

Milch

Mehl

Monster

Sonne

Sofa

Segel

Rad

Salz

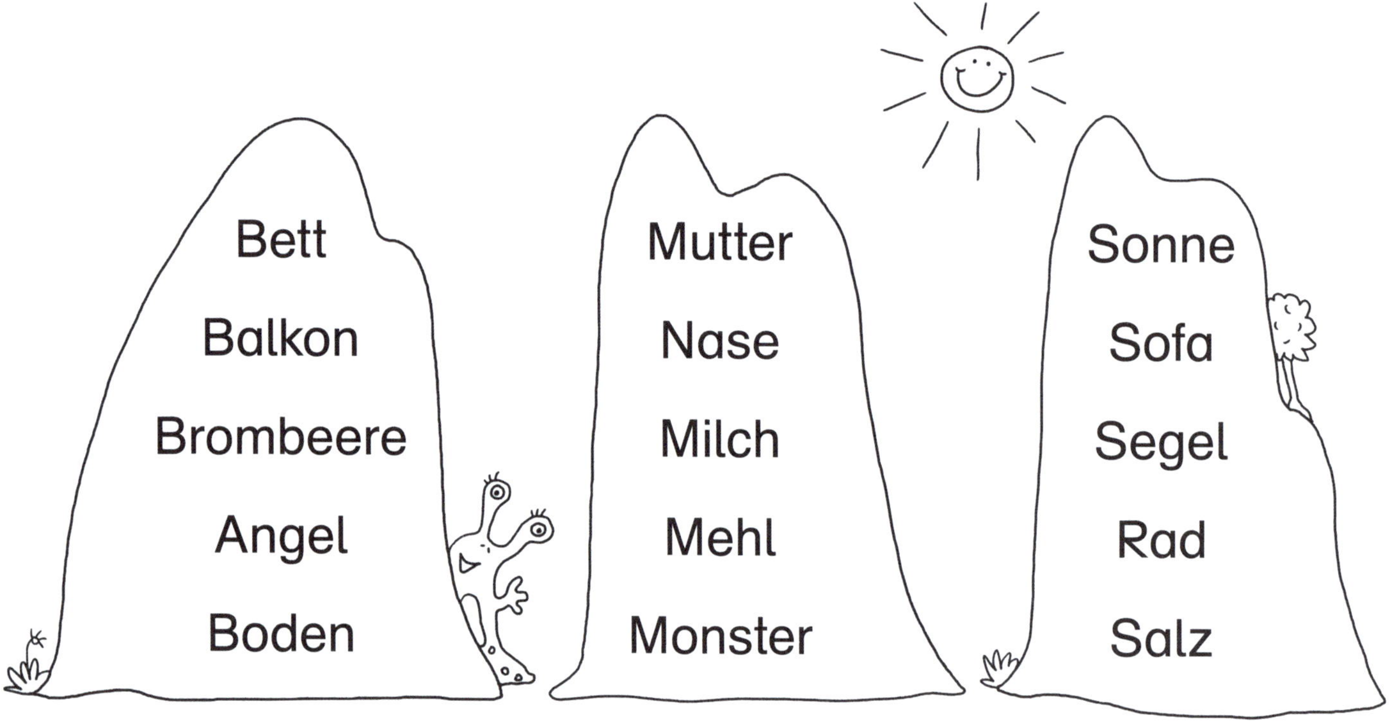

© Bildungshaus Schulbuchverlage

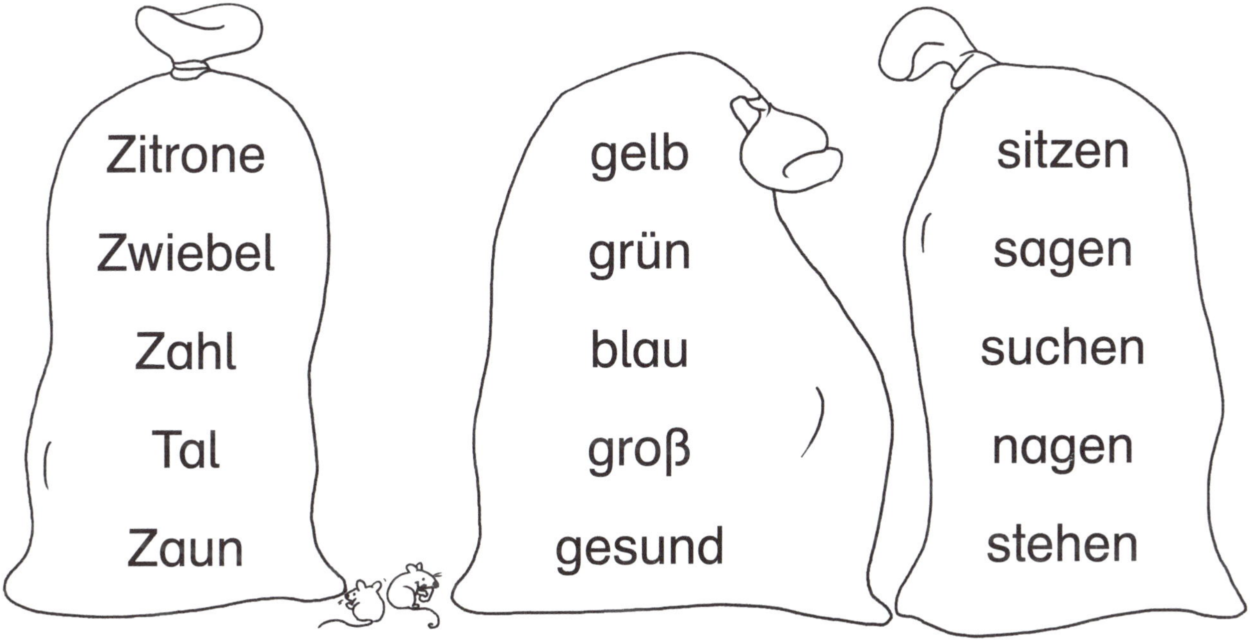

Zitrone
Zwiebel
Zahl
Tal
Zaun

gelb
grün
blau
groß
gesund

sitzen
sagen
suchen
nagen
stehen

15

Ordne die Wörter nach dem Abc.

Ananas   **M**elone   **K**irsche   **E**rdbeere

1.

_____

3.

_____

2.

_____

4.

_____

Zitrone   Banane   Nektarine   Himbeere

5.

_____

7.

_____

6.

_____

8.
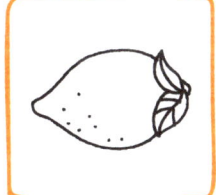
_____

Ordne die Wörter nach dem Abc.

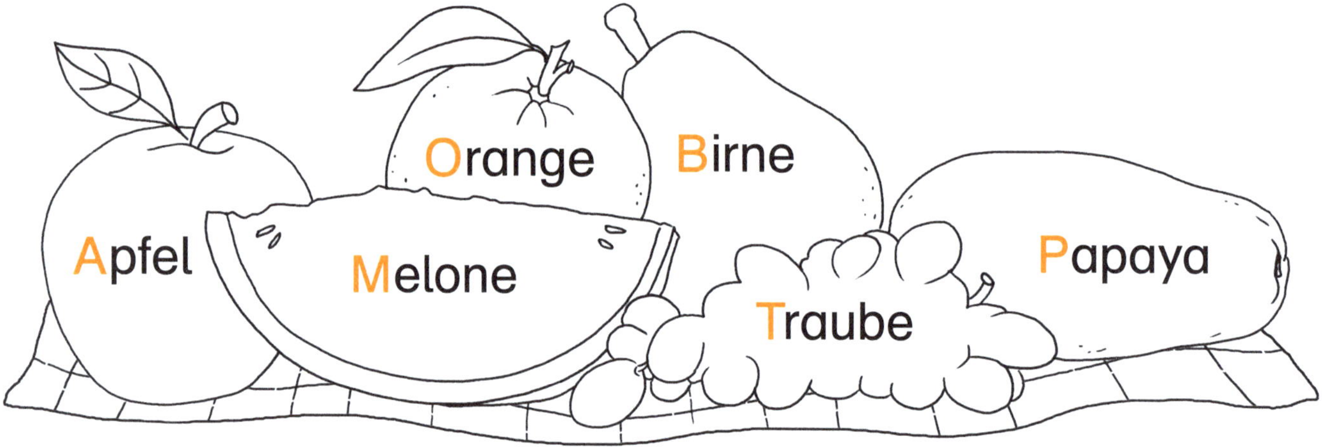

Apfel   Orange   Birne   Melone   Traube   Papaya

1. _____   4. _____

2. _____   5. _____

3. _____   6. _____

Ordne die Wörter nach dem Abc.

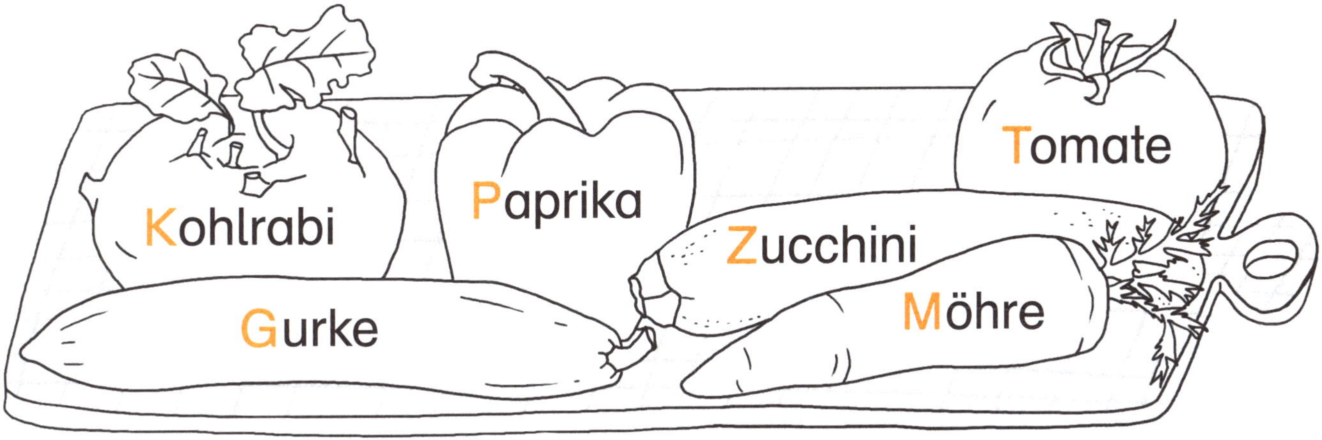

Kohlrabi

Paprika

Tomate

Zucchini

Gurke

Möhre

1. _____

2. _____

3. _____

4. _____

5. _____

6. _____

Nummeriere die Namen nach dem Abc.

Anton ☐

Agnes ☐

Arthur ☐

Adele ☐

Theresa ☐

Timo ☐

Tabea ☐

Torsten ☐

Nummeriere die Namen nach dem Abc.

Leo ☐

Leander ☐

Lene ☐

Lea ☐

Leonie ☐

Martin ☐

Marlene ☐

Martha ☐

Marvin ☐

Markus ☐

Suche in deinem Wörterbuch.

Buchstabe	Seiten	erstes Wort
A	S. _____ – S. _____	_____
G	S. _____ – S. _____	_____
M	S. _____ – S. _____	_____
Q	S. _____ – S. _____	_____
W	S. _____ – S. _____	_____

Suche in deinem Wörterbuch.

Das erste Wort mit B: _____

Das erste Wort mit Ke: _____

Das erste Wort mit Na: _____

Das letzte Wort mit D: _____

Das letzte Wort mit Ro: _____

Das letzte Wort mit Va: _____

Schlage die Monatsnamen im Wörterbuch nach.

Januar	S. _____		Juli	S. _____
Februar	S. _____		August	S. _____
März	S. _____		September	S. _____
April	S. _____		Oktober	S. _____
Mai	S. _____		November	S. _____
Juni	S. _____		Dezember	S. _____

Welche Wörter stehen davor, welche Wörter stehen danach?

_____ **Frühling** _____	_____ **Sommer** _____
_____ **Herbst** _____	_____ **Winter** _____

Suche in deinem Wörterbuch.

2 Wörter für jede Jahreszeit

Frühling: _____ (S. _____), _____ (S. _____)

Sommer: _____ (S. _____), _____ (S. _____)

Herbst: _____ (S. _____), _____ (S. _____)

Winter: _____ (S. _____), _____ (S. _____)

Suche in deinem Wörterbuch.

5 Farben	
rot	S.

5 Tiere	
	S.

Verbinde Texte und Bilder.

Ich fliege ein Flugzeug. _____ (S. ___)

Ich kümmere mich um den Garten. _____ (S. ___)

Ich arbeite in der Küche. _____ (S. _____)

Ich unterrichte Kinder. _____ (S. _____)

Schlage die Wörter im Wörterbuch nach.

OLIVE

KÜSSEN

SCHULE

RENNEN

KLEIN

FRECH

TELEFON

TRAURIG

ERNTEN

SINGEN

TISCH

MUTIG

Nomen	Verben	Adjektive
die _____	_____	_____
S. _____	S. _____	S. _____
_____	_____	_____
S. _____	S. _____	S. _____
_____	_____	_____
S. _____	S. _____	S. _____
_____	_____	_____
S. _____	S. _____	S. _____

Schlage die Wörter im Wörterbuch nach.

Einzahl	Mehrzahl	Seite
das Erlebnis	die _____	___
der Platz	_____	___
die Uhr	_____	___
der Tee	_____	___
das Auto	_____	___
die Pfanne	_____	___

Schlage die Wörter im Wörterbuch nach.

Einzahl	Mehrzahl	Seite
der Arzt	die Ärzte	
	die Eisbären	
	die Köpfe	
	die Zähne	
	die Großmütter	
	die Drucker	

Markiere die Verben.

Das Zirkuszelt steht auf der großen Wiese.

Überall in der Stadt hängen Plakate.

Die Artisten üben fleißig.

Der Clown studiert seine Nummer.

In der Familienvorstellung morgen gibt es

für alle Kinder eine Überraschung.

Was könnte das sein?

stehen _____ S. _____

_____ S. _____

_____ S. _____

_____ S. _____

_____ S. _____

_____ S. _____

Es haben sich 5 zusammengesetzte Nomen versteckt.

T	I	S	R	S	E	R	W	U	P	P	I	Z
D	E	H	L	C	K	T	P	N	J	N	E	T
U	F	W	I	H	E	A	R	U	L	S	C	U
V	W	E	R	N	I	S	T	S	O	M	K	V
M	Z	R	T	E	S	P	V	T	R	U	T	R
K	U	C	H	E	N	G	A	B	E	L	V	M
V	C	I	R	B	P	I	R	A	Q	H	L	X
I	K	R	D	E	Q	U	P	T	T	H	R	U
S	E	H	L	S	I	G	H	J	G	I	E	T
R	R	O	X	E	B	R	O	T	K	O	R	B
U	D	H	S	N	E	I	L	I	T	R	H	L
W	O	F	F	R	Z	X	G	B	A	F	J	N
O	S	R	K	C	A	D	M	I	Q	N	D	O
Z	E	I	S	B	E	C	H	E	R	I	V	Z

Schlage die Nomen getrennt im Wörterbuch nach.

 _____ S. _____    _____ S. _____

 _____ S. _____    _____ S. _____

 _____ S. _____    _____ S. _____

 _____ S. _____    _____ S. _____

 _____ S. _____    _____ S. _____

 # Suche die passenden Wörter im Wörterbuch.

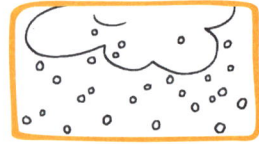 _____ S. ____

 _____ S. ____

 _____ S. ____

 _____ S. ____

 _____ S. ____

Bilde zusammengesetzte Adjektive.

weiß

blau

gelb

rot

grün

Nutze die Nomen von S. 38 dazu.

_____

_____

_____

_____

_____

39

V W Pf F

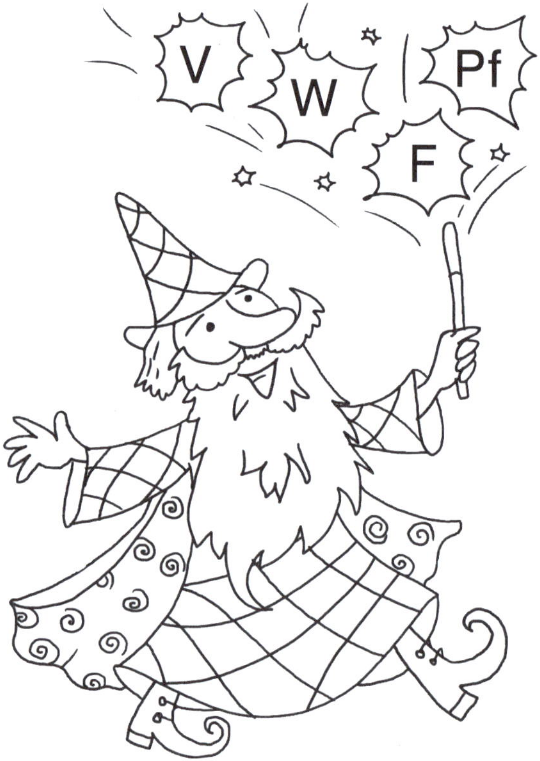

[ ] ase

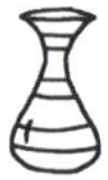

[ ] al

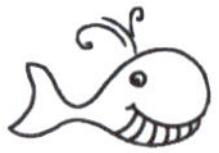

[ ] ampir

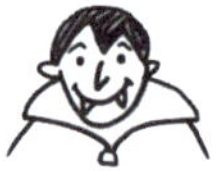

[ ] olke

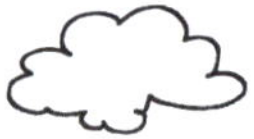

[ ] ahne

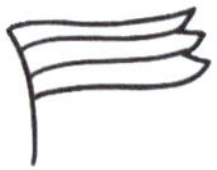

[ ] anne

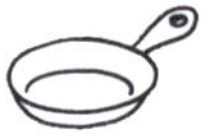